Swing Trading utilizzando il grafico a 4 ore

Parte 3: Dove Mettere lo Stop?

Heikin Ashi Trader

Contents

SONO NECESSARI GLI STOP?..3

COS'È UN ORDINE STOP LOSS?...10

STOP MANAGEMENT...14

FATE IL VOSTRO GIOCO...20

TAGLIATE LE PERDITE..37

E LASCIATE CORRERE I PROFITTI..44

STOP MANAGEMENT NEI MERCATI IN TREND........................49

STOP MANAGEMENT CON OBIETTIVI DI PREZZO.....................62

LO TSUNAMI DEL FRANCO, UN MOMENTO DI GUARIGIONE NELLA COMUNITA' DEI TRADER...66

QUANTE POSIZIONI TENERE NELLO STESSO MOMENTO?.......75

GLOSSARIO...77

Altri libri di Heikin Ashi Trader su Amazon..........................81

Sull'autore..83

Stampa...84

SONO NECESSARI GLI STOP?

Dove posizionare gli stop? Molti trader mi pongono questa domanda. Spesso, la questione sembra un po' un accessorio fastidioso di cui il trader deve preoccuparsi anche dopo aver svolto l'importante lavoro di analisi di mercato e dopo aver già acquistato la posizione. Il problema tocca una delle questioni più importanti sulle quali il trader deve riflettere: Quanto rischio sono disposto a sopportare per ottenere un'altra occasione?

Purtroppo, dietro a questa domanda è nascosto per lo più un desiderio infantile, come se io potessi rivelare al trader in erba dove si trova il suo rifugio, ovvero dove poter mettere questa cosa fastidiosa chiamata "Stop", in modo che Mr. Mercato non lo trovi mai. Curiosamente, Mr. Mercato ha un buon fiuto per questi nascondigli, soprattutto se lo stop si trova appena al di sotto o al di sopra di punti critici come un supporto o una resistenza. Come questo possa accadere è stata oggetto del secondo libro di questa serie sullo swing trading.

Gli stop sono un argomento controverso nei circoli di trading. Non c'è da stupirsi, perché essi appartengono alle strategie di uscita di un sistema di trading; in altre parole, uno stop è uno strumento centrale di gestione del rischio e, pertanto, ha direttamente a che fare con i guadagni nel mercato azionario. È quindi indispensabile comprendere quale funzione ha lo stop nel vostro sistema di trading o nella vostra strategia.

Deve essere chiaro fin dall'inizio che l'utilizzo di stop si traduce sempre in un minor tasso di successo. Se si fa trading senza l'utilizzo dello stop, si potrà probabilmente raggiungere un altissimo tasso di successo. Tuttavia, si potrebbe dover attendere a volte per un tempo molto lungo prima di ottenere un buon profitto da alcune posizioni. Inoltre, alcune posizioni non lo otterranno mai e voi sareste comunque costretti a chiudere questi trade con perdite molto elevate.

Se l'operatore utilizza lo stop, può evitare tale scenario. In cambio, deve accettare di perdere i trade molto più spesso. Quei trade in perdita rappresentano il prezzo che si è disposti a pagare al fine di controllare il rischio. Non si può farlo senza l'utilizzo dello stop. In questo caso, il rischio sarebbe illimitato.

Se si sceglie di fare trading con gli stop - e vi esorto a farlo -, il tasso di successo del sistema si deteriora automaticamente. Non vincerete nel 100% dei casi, ma solo nel 70% o 60% o anche meno. Esistono anche strategie di grande successo che funzionano molto bene, con tassi molto bassi di successo.

Ecco un esempio: il solito caso dei trend follower. Qui, l'operatore deve spesso fare più tentativi per stabilire una posizione in un trend. Questo porta naturalmente a molte piccole perdite e a poche grandi vincite. Il risultato potrebbe essere positivo, ma il trader deve a volte accettare un tasso di successo inferiore al 30%.

Naturalmente, un alto tasso di successo accarezza l'ego, per cui molti principianti lo cercano avidamente. Per raggiungere questo obiettivo, quindi, molti operatori accettano il rischio di fare trading senza stop. Quando si verificano le prime vere grandi perdite, il trader intuisce quanto possa essere utile lo stop.

Questo non significa che il trader abbia veramente accettato gli stop. Egli li accoglie comunque di cattivo umore. Lo si potrà notare perché farà di tutto per non raggiungere lo stop. Spesso, gli stessi trader ottengono qualche piccolo profitto: meglio un piccolo profitto in tasca di niente, dicono.

Tutte queste cattive abitudini sono una conseguenza della non accettazione dello stop. Il trader lo utilizza soprattutto perché è stato costretto ma, nella sua mente, odia gli stop perché lo portano inevitabilmente a perdere più volte i trade.

Solo a poco a poco matura l'intuizione che il trading ha ben poco a che fare con il "voler sempre avere ragione sul mercato". Il trading è un business come tutti gli altri. Cioè, ci sono i guadagni e le spese e, auspicabilmente, i guadagni sono superiori alle spese, alla fine dell'anno fiscale. Cioè, l'arte della gestione di un business è quella di mantenere i costi più bassi possibile e di ottimizzare i guadagni o aumentarli attraverso l'espansione del business.

Il trading non è diverso. Dal momento che si tratta di un business, ci sono utili (trade vincenti) e costi (trade in perdita, commissioni, hardware, spazio affitto e salario orario del trader). Dal momento che i trade in perdita rappresentano la maggior parte dei costi, si parla anche e a ragione di "costi di business". In altre parole, i trade in perdita rappresentano la parte principale dei nostri costi. Essi sono necessari allo svolgimento delle nostre attività sul mercato.

Chiunque consideri i trade in perdita come semplici "costi" in modo da poter partecipare al gioco economico o al gioco del mercato azionario, inizia forse a rendersi conto che perdere i trade non è poi così tremendo al punto di desiderare di bandire completamente il trading dalla propria vita.

Al contrario: le perdite sono la condizione per poter partecipare, e quindi parte integrante del nostro sistema di trading, che fra l'altro sarebbe ridicolo senza trade in perdita. Pertanto, eliminarli sarebbe una misura del tutto assurda.

Una volta che il trader ha interiorizzato quest'idea, allora il passo successivo necessario a comprendere che il trading è una sorta di gioco delle probabilità non è lontano. Esattamente come l'imprenditore nel settore delle vendite al dettaglio è preoccupato per la qualità, ma cerca di utilizzare una politica dei prezzi per mantenere i suoi costi più bassi possibile.

Allo stesso modo, il trader dovrebbe fare tutto il possibile per mantenere le sue perdite più basse possibile. In seguito intendo approfondire questo discorso. Inoltre, naturalmente, la seconda parte ci aiuterà a capire come gli stop possono aiutarci a massimizzare i nostri profitti, perché ciò è effettivamente possibile.

Pertanto, un vero operatore esamina l'ordine di stop non come inevitabile, ma come suo amico, a lui vicino nella gestione delle sue posizioni, che è anche l'atteggiamento di un operatore professionale o istituzionale che, spero bene, non necessita di ulteriori spiegazioni.

COS'È UN ORDINE STOP LOSS?

Un ordine stop loss (anche: ordine per limitare le perdite) è un ordine che chiude automaticamente la posizione quando raggiunge un certo prezzo. Se un trader accompagna una posizione di acquisto (o una posizione di vendita per le posizioni short) ad un ordine di stop loss, pensa evidentemente di non accettare una perdita illimitata che potrebbe essere associata alla posizione.

Questa misura fa parte delle buone abitudini di trading e io consiglio ad ogni operatore di sviluppare questa abitudine al fine di gestire questo business nel lungo termine. Si potrebbe prendere in considerazione lo stop come una sorta di istinto naturale del trader. In ultima analisi, l'istinto di sopravvivenza è presente quasi sempre. Questo vale soprattutto per i trader responsabili che dovrebbero considerare primario il compito di proteggere e ottenere un buon capitale di trading.

L'**ordine stop-loss** non è altro che un contratto, un titolo o una coppia di valute che viene venduto al prossimo prezzo negoziabile una volta che il mercato raggiunge un livello di prezzo. Con il semplice stop loss verrà generato (nel caso di una posizione long) un ordine di vendita di mercato illimitato.

Alcuni broker offrono anche ordini **limite stop-loss**. In questo caso, la posizione sarà venduta solamente al prezzo limite specificato. Questo può essere un vantaggio in alcuni casi, perché con il semplice stop loss, la posizione viene spesso venduta sul mercato ad un prezzo peggiore del prezzo mostrato dall'ordine stop loss.

Tuttavia, gli svantaggi di questo ordine limite stop loss superano di gran lunga i vantaggi. Nel peggiore dei casi, il mercato supera in una sola mossa rapida il limite fissato, e non c'è nessuna esecuzione. In questo caso, la posizione è esposta a rischio illimitato, una condizione che ogni trader dovrebbe evitare a tutti i costi.

Alcuni broker offrono anche **ordini di stop loss garantiti**. Il broker garantisce di chiudere la posizione esattamente al prezzo desiderato. Pertanto, egli riflette il rischio di compensazione e si assume i costi nel caso in cui l'esecuzione sia molto al di sotto o al di sopra del prezzo di stop preventivato. Questo può, in rari casi, essere un vantaggio per l'operatore, specialmente quando si tratta di movimenti estremi del mercato.

Questo "servizio" non è naturalmente privo di costi. Di solito il cliente paga per questo servizio una piccola commissione, oppure il broker richiede uno spread maggiore (maggiore distanza tra il prezzo di acquisto e di vendita). Inoltre, il trader dovrà accettare una maggiore distanza tra il prezzo d'entrata e lo stop per ottenere un ordine di stop loss garantito.

Anche se questa sicurezza aggiuntiva potrebbe non essere un'opzione per i trader di giornata e gli scalper, essa potrebbe invece essere un'alternativa ragionevole sulla quale vale la pena riflettere per gli swing trader che spesso mantengono i trade per molti giorni e settimane.

Solitamente gli swing trader non si pongono la domanda se acquistare la coppia EUR/USD a 1,1210 o 1,1212. Naturalmente, 1,1210 è un prezzo migliore se si desidera acquistare. Ma se io voglio dormire sonni tranquilli ed evitare una mossa estrema di EUR/USD durante la notte o durante il fine settimana, allora sarei disposto a pagare un prezzo peggiorativo.

STOP MANAGEMENT

In questa terza parte della serie "Swing Trading con il Grafico a 4 ore" voglio soffermarmi sul tema centrale dello stop management, perché in definitiva è ciò che decide se un'attività di trading avrà successo o meno. È ben noto che gli investitori privati sono impegnati per il 90% del tempo nelle analisi di mercato, e nemmeno per il 10% del tempo con la questione del potenziale rischio di un trade.

Per gli operatori istituzionali questo rapporto è invertito. I professionisti sono principalmente gestori del rischio. Devono esserlo, perché i loro clienti e i loro finanziatori controllano meticolosamente il fondo in cui hanno investito, se non è nemmeno in grado di preservare il proprio capitale, oppure di crescere.

Ora, il capitale di trading di un investitore privato è di solito più gestibile rispetto al capitale di un investitore istituzionale, che spesso utilizza modelli di rischio complessi per gestire il denaro del cliente. Quindi, concludere che un operatore privato con la semplice regola dell'1% abbia fatto abbastanza nella gestione del rischio, mi sembra un po' azzardato.

La regola dell'1% afferma che un trader non dovrebbe mai rischiare più dell'1% del suo capitale per il trade. Se un operatore per esempio ha € 10.000 di capitale per il trading a disposizione, il rischio per trade non dovrebbe mai essere superiore a € 100. Questo sembra essere evidente, ma potrebbe essere fuorviante.

La capacità di calcolare correttamente la distanza tra il prezzo di acquisto e lo stop è importante; è però solo l'inizio del processo, che chiamiamo gestione dello stop. Questo a sua volta è una parte importante della strategia di uscita, l'arbitro finale del successo o del fallimento nel mercato azionario. Inoltre, qui purtroppo, l'investitore privato è assoggettato principalmente al professionista esperto.

I professionisti di solito utilizzano strategie di uscita sofisticate e accuratamente definite mentre gli investitori privati per lo più agiscono emotivamente. Se la posizione è in guadagno, a loro piace approfittarne, anche se spesso potrebbero esserci buone ragioni per non farlo.

Se la posizione è e rimane in perdita e addirittura avvicina l'ordine di stop-loss, i principianti restano di solito passivi ed entrano nella ben nota modalità di "speranza": forse il "mercato" potrebbe girarsi di nuovo. Quindi essi forniscono a quel mostro che chiamano "mercato" un potere infinito su di loro, come se vi fossero esposti incondizionatamente.

Chiunque osservi più da vicino questo comportamento (io stesso ho fatto parte di questo gruppo per anni), noterà che la maggior parte degli operatori privati attribuiscono troppa importanza al cosiddetto "mercato" (e alla sua analisi). Per loro questo fenomeno sfuggente chiamato "mercato" sembra essere un mostro indomabile a cui sembrano essersi completamente consegnati. Recriminazioni e persino rabbia sono sentimenti che possono derivare molto rapidamente da un tale atteggiamento. Io lo so fin troppo bene, soprattutto se guardo indietro al mio periodo da principiante.

L'inesistenza di una strategia di uscita, è la prova che la maggior parte dei trader si butta sul mercato con l'intenzione di subire un macello. Può suonare drammatico, ma corrisponde all'atteggiamento interiore di molti operatori, purtroppo confermato dalle statistiche del successo. Nessuno conosce il numero esatto, ma chi ritiene che sia solo il 90% degli operatori a subire delle perdite appartiene certamente alla schiera degli ottimisti più incorreggibili.

Ai broker, per inciso, non piace uscire con quei numeri. Se glielo chiederete con un po' di insistenza, otterrete solo risposte vaghe. "Non abbiamo statistiche su questo tema" è ancora una delle varianti più innocue delle loro scuse. È comprensibile che siano molto riluttanti. Ogni forma di trasparenza a questo riguardo è negativa per il loro business.

Il numero reale dei perdenti potrebbe probabilmente avvicinarsi al livello del 100%, in particolare con i forex broker. Nel lungo termine, solo una piccolissima percentuale di trader riesce a sopravvivere. Perché è così? Perché il trading è così difficile e solo un piccolo gruppo di persone sembra riuscire ad avere un successo duraturo?

La maggior parte dei trader fallisce semplicemente. Come l'analisi. La maggior parte delle persone non è psicologicamente preparata o abbastanza addestrata per affrontare questa sfida. Le varie perdite e le fasi di drawdown (righe in perdita) logorano la psiche dei trader. Così, essi cominciano a commettere errori: si assumono troppi rischi per compensare le perdite e in questo modo si procede verso il peggio. E un giorno il denaro se n'è semplicemente andato.

Io sono certamente tra quelli che danno importanza all'aspetto psicologico. È vero che la maggior parte dei trader fallisce a causa di se stesso: manca la disciplina, la costanza e la perseveranza, praticamente tutto. Ciò nonostante, prima di tutto, vi è una grave mancanza di comprensione su ciò che è effettivamente il trading in realtà: un gioco di probabilità.

A mio avviso, questo aspetto è un po' sottovalutato nella letteratura di settore. Negli ultimi anni, sono emersi molti coach di trading in grado di fare un buon lavoro e con una conoscenza approfondita della psicologia. Inoltre, come trader, se si ha la sensazione di poter avere un deficit in questo campo, non posso che raccomandare un buon addestramento con un coach di trading.

Ma non voglio approfondire questo argomento in questo libro. Mi piacerebbe invece introdurre più di un modello di rischio che permetta al trader di eseguire in modo efficiente la gestione dello stop. A questo modello si adatta anche l'idea che il trading sia veramente un gioco di probabilità.

FATE IL VOSTRO GIOCO

Ogni strategia di trading si basa su ipotesi in merito al funzionamento dei mercati finanziari e come fare trading all'interno di essi. Queste ipotesi possono essere formulate in modo esplicito o implicito in base della strategia seguita. Un trader che sceglie di seguire il trend come strategia di base, basa il suo operato sul presupposto esplicito che la maggior parte dei mercati si muovono in trend nel lungo termine. Se vi sentite in questo modo, allora è logico che cercherete di seguire questi trend il più a lungo possibile.

Al di là del mercato specifico, l'accettazione (per lo più inconscia) è ancora un punto fondamentale, per cui io sono del parere che valga la pena di approfondire in modo più dettagliato. Questo punto tocca il tema del "successo" in posizione centrale, e tutti coloro che avevano solo approssimativamente affrontato con successo la letteratura, sapranno affrontare questo problema.

Tutti i coach di successo sottolineano l'importanza di mantenere la giusta mentalità per avere successo. È tutta una questione di modo di pensare al mondo e, di conseguenza, di come vediamo il mondo. In termini di trading, la visione del mondo della maggior parte dei trader si presenta così: "là fuori, ci sono decine di migliaia di altri operatori che sono tutti miei avversari e che hanno una sola cosa in mente: arrivare al mio denaro".

Questo modello sembra banale, ma è l'assunto di base della maggior parte degli operatori che conosco. Per loro il mondo è (il mondo al di fuori di se stessi) un luogo ostile che si può conquistare solo con tattiche intelligenti, per garantirsi un pezzo di torta.

In questo modello, quindi, vi è un "io" (il trader), che va nel mondo (operante in borsa), nella speranza che grazie ad un comportamento intelligente e abile egli possa guidare una parte del flusso di denaro verso di sé. Di conseguenza, il trader che la pensa così è sempre in una sorta di modalità di difesa. Le sue azioni sono sempre reattive. Se il mercato (il mondo esterno) si comporta in un modo, egli reagisce in quel modo. Il mercato lo fa, lui reagisce così.

Egli è coinvolto in una lotta costante con un avversario fittizio, senza neanche saperlo. Le sue tracce sono rappresentate da linee o candele, e dal grafico disegnato di fronte ai suoi occhi sul monitor.

Questo modello corrisponde a un pensiero che trasforma il mondo in una realtà soggetto-oggetto. Da una parte c'è l'"io", che identifica un trader che va nel "mondo" per fare conquiste nella speranza di tornare a casa con un buon bottino.

Questo modello corrisponde alle ipotesi della scienza classica su cui si fonda in ultima analisi, la nostra società moderna. È il modo in cui siamo stati cresciuti a scuola e, pertanto, determina in maniera massiccia il modo in cui guardiamo "il mondo".

Ora, io sono l'ultima persona che potrebbe sostenere che questo modello è sbagliato. Al contrario, è molto reale e determina la nostra vita in quasi tutti i settori. L'unico problema è che questo modo di pensare non è molto utile se operiamo sul mercato azionario. Perché, se si agisce in borsa utilizzando la razionalità, ci si troverà (spesso inconsapevolmente) a vedere se stessi come vittime di una potenza superiore, quando le cose non andranno come si sperava.

È imperativo che in quanto trader non vi rassegniate mai a restare nella posizione di una "vittima". Al contrario, dovreste sempre avere il controllo completo delle vostre azioni. Dovreste partire dall'inizio, essere "il Maestro del gioco" e rimanere lì.

Per riuscire a raggiungere questa qualità dovrete adottare una filosofia diversa, un modo diverso di pensare, che corrisponde alle circostanze di un gioco di probabilità. Perché il trading non ha - devo dirlo molto chiaramente - niente a che fare con i tassi di cambio, le banche centrali, i fondi speculativi, gli algoritmi e quant'altro il cervello adori inventare su ciò che si trova "là fuori".

Il trading è un gioco che si pratica solo con se stessi. Ripeto questa frase: **il trading è un gioco che si pratica solo con se stessi**. Il trading non è altro che una serie di operazioni che si eseguono sulle proprie regole autoimposte sul mercato.

In altre parole: se si considera il trading in questo modo, si avrà il vantaggio di essere colui che stabilisce le regole anche prima dell'inizio della partita e si potrà scegliere il mezzo con cui eseguire il gioco. Inoltre, - ultimo ma non meno importante - è possibile determinare quando il gioco inizia e quando finisce!

Avete mai visto o sperimentato questi vantaggi in un gioco da tavolo con gli amici? Probabilmente no. All'inizio tutti gli amici hanno le stesse opportunità nelle prime fasi del gioco. Se avete bisogno di competere, fatelo con i vostri amici in un ritrovo informale, perché sul mercato azionario non ci sono concorrenti. È possibile decidere come o a che cosa si vuole giocare, quanto spesso e quando terminare il gioco. Avete mai sperimentato questo tipo di vantaggio?

Eppure, la maggior parte delle persone che si rivolgono al mercato azionario subisce una perdita, nonostante questo enorme vantaggio. Non è incredibile?

Potrete vincere in questo gioco solo se accetterete che dovrete giocare anche con voi stessi e con le vostre regole. Solo allora otterrete il successo, se vi convincerete di essere completamente da soli senza nessuno che impedisca il vostro successo. Ne siete convinti?

Io ho avuto questa convinzione da bambino. Nel seminterrato di casa nostra, avevo un biliardino. Ogni volta che mi annoiavo, scendevo in cantina e giocavo con me stesso. Sceglievo un nemico fittizio contro cui volevo giocare, ne avevo bisogno, altrimenti, il gioco sarebbe stato noioso. Poi iniziavo a giocare. Di tanto in tanto, lasciavo i miei avversari segnare un gol, così che la partita fosse emozionante, ma alla fine, ho sempre vinto. Ho sempre vinto, perché io, e solo io, ho fatto le regole. Capite?

È lo stesso quando si va in borsa. Provate a comportarvi come facevo io da bambino; dite a voi stessi: Sto iniziando ora a giocare, ma prima faccio le regole. Dopo tutto, siete voi i "Maestri del gioco".

Le regole che avete stabilito, ovviamente, si basano su determinati presupposti che avete deciso prima dell'inizio della partita. Perché avete solo bisogno di un piccolo, vantaggio "statistico" per essere in grado di vincere la partita nel lungo termine. Se non è stato precedentemente stabilito questo piccolo vantaggio statistico fra le regole, non potrete vincere il vostro gioco. Quindi ti saresti battuto da solo, per così dire.

I gestori dei casinò lo sanno bene. Il vantaggio statistico di un casinò è dell'1%. Sembra una percentuale molto piccola, ma è sufficiente a fare ottenere al casinò milioni di profitto ogni anno. Anno per anno. Gli operatori dei casinò sanno che perdono nel 49% dei casi contro i loro clienti. Ma potrete tranquillamente vederli lasciare il casinò con un sorriso raggiante sul volto e un grosso sigaro in bocca.

Tuttavia, il gestore di casinò che osserva dalle telecamere il trambusto dei suoi clienti, e vede il vincitore del jackpot lasciare l'edificio con il suo sigaro, sorride comunque. Perché sa che per ogni vincitore del jackpot ci sono migliaia di perdenti che lasciano i loro soldi nel casinò quotidianamente. Grazie al piccolo vantaggio statistico, egli rimane comunque il "Maestro del gioco". Dopo tutto, è lui che intascherà un ricco bottino alla fine dell'anno fiscale e non il fumatore di sigaro.

In quanto trader, dovreste acquisire familiarità con la mentalità e il pensiero di un gestore di casinò. Dovreste dire: Anche se periodicamente qualcuno lascerà il gioco con un grosso sigaro fra le labbra, io vincerò comunque alla fine della giornata, perché io:

A. Capisco il gioco, perché l'ho progettato io stesso.

B. Vinco sempre la partita, perché ho settato un piccolo vantaggio statistico fra le regole.

Chi affronta il mercato azionario con questa mentalità? Chi può battere quest'uomo (o questa donna)? Nessuno! Perché questa persona non ha nessun avversario, se non se stesso. Ma dal momento che conosce molto bene il suo avversario (cioè se stesso) e ha quindi formulato regole molto chiare con cui giocare e superare in astuzia se stesso, questa persona vince ogni volta. Potrà avere giorni deboli, ma alla fine, siccome ha appreso bene il gioco che ha progettato lui stesso, vince.

Ora capite perché è così importante formulare chiare regole di entrata ed uscita prima ancora di iniziare? Queste devono essere eseguite in modo molto disciplinato durante il gioco. Senza queste regole, non si otterrà mai il successo perché lascereste entrare gli "altri" nel VOSTRO gioco, causando probabilmente il fallimento. È quindi indispensabile stabilire con se stessi la propria filosofia di trading, dove voi soli siete i proprietari del gioco, gli unici giocatori, ed, infine, quelli che ne usciranno vittoriosi.

Pertanto, nessuno dovrebbe mettersi in gioco, non importa quello che può accadere sui grafici. È molto meno importante di quanto si pensi. La linea di fondo è che dovete sempre fare il vostro gioco e non allontanarvene mai.

Tuttavia, al fine di fare il VOSTRO gioco, è necessario aver sviluppato una strategia che in primo luogo si presenti come un gioco. Inoltre, io sostengo fermamente che poco più del 90% dei trader non possiede il proprio gioco.

Per dire: faccio trading su questa o quella configurazione, posiziono il mio stop in modo da perdere solo l'1%, e ottengo un profitto non appena ritengo che sia sufficiente. Che si spera non sia solo un singolo gioco.

Ogni piano di trading sviluppato deve essere da voi descritto e formulato in modo da poterlo effettivamente mostrare un giorno ai vostri amici.

I vostri amici saranno in grado di giocare con voi quando le regole saranno formulate chiaramente, preferibilmente scritte chiaramente su un pezzo di carta, in modo che ogni partecipante possa leggerle e comprenderle. Se vi sono dubbio o regole interpretabili, i vostri amici potranno rifiutarsi di giocare la partita con voi. Vi diranno: Oh torniamo al gioco della scorsa settimana e andiamo avanti con quello. Qui le regole sono chiare e tutti le conoscono. Quindi, non vi è alcun conflitto.

Ve ne rendete conto? Ecco come deve essere. Finché non avete chiaramente definito e formulato un gioco per voi stessi, non saprete quello che state facendo. Starete semplicemente eseguendo qualche transazione sul mercato azionario.

Che potrebbe avere un certo fascino per alcuni principianti, soprattutto se non lo hanno mai fatto e quando il proprio denaro è in gioco. Tuttavia, alla fine vi renderete conto che solo "eseguendo transazioni sul mercato azionario" non necessariamente otterrete un buon guadagno.

Ogni forma di guadagno ha SEMPRE a che fare con una sorta di vantaggio statistico, non importa di quale gioco si tratti. Inoltre, si ha a che fare soprattutto con regole ben predefinite. Voglio spiegarvi queste affermazioni con un esempio molto noto in modo che possiate capire con precisione cosa intendo.

Tutti conoscono la nota catena di caffè **Starbucks**. Non c'è da stupirsi, perché Starbucks è presente in quasi tutto il mondo e la catena ha diverse filiali nelle città più grandi. Ora, Starbucks non è certamente l'inventore del caffè. Molto prima che Starbucks venisse al mondo, esistevano molte altre caffetterie belle ed originali in tutto il mondo. Andate a Vienna, in Austria, per capire cosa voglio dire.

Ora, quando Starbucks ha iniziato a conquistare il mondo, i produttori non hanno detto: "Sì, se andiamo a Vienna, allora dobbiamo impostare la nostra filiale locale proprio in stile viennese, altrimenti la gente di Vienna non berrà il nostro caffè. Inoltre, se andiamo a Parigi, dovremo aprire un bar in stile parigino. Lo stesso vale anche per New York, Seattle o Canberra".

Tuttavia, se conoscete Starbucks, sapete bene che i creatori di questa catena non hanno fatto nulla di simile. Uno Starbucks a Vienna, Parigi o New York sembra proprio lo stesso come a Bruxelles, Francoforte o Londra. Vengono serviti gli stessi cibi e bevande, le persone di servizio salutano allo stesso modo e tutti i locali della catena in ognuna delle 23.768 filiali (al 2016) opera nello stesso modo.

Come gourmet del caffè si potrebbe criticare tutto questo, dicendo che il Café Landtmann o il Café Sperl di Vienna mi stanno molto più a cuore; tuttavia, non si può dire che Starbucks non abbia avuto successo con la sua strategia. Starbucks è un tale successo che è diventato una società quotata in borsa con una capitalizzazione di mercato di US $ 84 miliardi di dollari.

Questo non è il caso del Café Landtmann e del Café Sperl a Vienna. Questi caffè tradizionali hanno avuto successo a modo loro. Landtmann fa il suo gioco come Starbucks fa il suo.

Inoltre, Starbucks si comporta allo stesso modo ovunque, non importa dove, anche in Mongolia. Non importa quale sia il folklore o le circostanze locali o quali "condizioni di mercato" incontra. Starbucks fa il suo gioco "alla Starbucks". Anche se la concorrenza locale è talvolta potente, come a Vienna, una realtà ineguagliabile per quanto riguarda il caffè. Starbucks non se ne cura. Starbucks non ha stabilito una propria versione viennese, ha semplicemente le caratteristiche di sempre come nello Starbucks di Seattle (ho verificato).

In altre parole, Starbucks continua a fare il suo gioco, non importa quali siano le circostanze. Un trader dovrebbe fare la stessa cosa. Ogni trader di successo procede secondo questo principio. Per quanto possano essere diversi i "metodi" dei singoli operatori, essi fanno il loro gioco, perché sanno per esperienza che così potranno avere successo.

Ora, sapendo che molti trader molto diversi fra loro hanno successo, dovreste finalmente realizzare che il successo di mercato non ha assolutamente nulla a che fare con un particolare metodo o una strategia, come sembrano credere molti principianti.

È vero che dopo un periodo di prova e vari errori ogni trader di successo ha sviluppato il proprio metodo che meglio si adatta alla sua personalità. Tuttavia, non ottiene il successo grazie al suo metodo. Ha invece successo perché persegue i suoi risultati con una disciplina alla "Starbucks" e molta tenacia. Inoltre, lo fa giorno dopo giorno, anno dopo anno.

Se poi continua con il suo gioco e non si discosta mai da esso, dopo un certo periodo il trader diventerà "Maestro del gioco". Avrà il suo posto nel mercato azionario, che nessuno può contestare, perché solo lui siede sul trono, nessun altro.

Pertanto, non è necessario copiare il metodo di un maestro, a mio avviso, nella speranza che il successo arrivi anche per voi. In genere, questo non accadrà. Se state tentando di copiare

Starbucks (alcune aziende ci hanno provato) solo perché Starbucks ha successo, fallirete.

Se invece comprenderete a fondo il principio di Starbucks, ma poi progetterete le vostre regole che ci si adattano, allora avrete davvero una possibilità sul mercato, come è stato dimostrato con successo da altre catene di caffetterie.

Quindi, succede lo stesso nel trading. Naturalmente, potreste imparare da un trader di successo. Ma non si impara nulla se vi limiterete a copiare il suo metodo e ad applicarlo al vostro. Imparerete da lui, se guarderete come fa il suo gioco ogni giorno, non importa ciò che le banche centrali stanno facendo di nuovo, o le catastrofi che possono aver luogo nel mercato del petrolio o nei mercati azionari. Questi eventi sono solo lì per confondere e distrarre dal proprio gioco.

Finché si può ancora essere distratti, si sta ancora vivendo nel mondo soggetto-oggetto, quindi nel modello che ci è stato insegnato a scuola e nelle università, vale a dire, che, quando andiamo fuori nel mondo, troveremo innumerevoli concorrenti da combattere per poter ottenere un pezzo della torta. Vi dirò in tutta onestà: questo pensiero è una vera stronzata.

Non c'è niente là fuori. Niente di niente. Ci siete solo voi e il vostro gioco. Se non ci credete, provate a continuare col vecchio stile, vi auguro tutta la fortuna del mondo. Voglio solo dire: nella mia esperienza, tutte le persone di successo su questo pianeta stanno facendo il loro gioco. Hanno le loro regole con cui vivono, giocano, e non gliene frega niente di quello che gli altri pensano o dicono, o quello che il mercato impone loro.

TAGLIATE LE PERDITE

Nella letteratura di trading incontrerete più volte il termine "pasto gratis". Cosa voglio dire con questo? È una posizione che è stata aperta, e che adesso è fuori dal rischio. Vale a dire, con questo trade non è possibile subire ulteriori perdite, solo profitti. Questa situazione si verifica quando avete messo il vostro stop protettivo sul livello di ingresso, quindi sul livello dei prezzi a cui è stato acquistato (o venduto se siete short).

Da quel momento, il trade non andrà più in perdita. La cosa peggiore che può accadere è che il mercato torni indietro e voi siete buttati fuori. Tuttavia, poiché il vostro stop è sul punto di pareggio dei costi, in questo caso non vincerete né perderete. Il risultato è zero.

Ora ogni aspirante trader conosce la regola d'oro del trading: **tagliare le perdite e lasciar correre i profitti**. È in ogni libro di trading, e ognuno considera la frase come un dato di fatto. Tu lo sai, e questo è tutto.

Quasi nessuno guarda questa frase più da vicino, per non parlare degli sforzi per metterla in pratica. Nei portafogli di molti investitori, le posizioni sono a rischio a volte per mesi o anche di più. Non hanno guadagni o quasi. Per veder degenerare questo profitto minimo o perdita minima potrebbe sempre capitare una grande perdita.

L'argomento dei fautori di questo metodo è: si deve dare al mercato lo spazio per respirare. (Tecnicamente parlando, si dovrebbe tener conto della naturale volatilità del mercato e quindi regolare il proprio stop loss).

E qui interviene di nuovo la suddetta mentalità della vittima. Qui qualcuno non solo non fa il proprio gioco, ma lascia decidere alla "fluttuazione naturale o volatilità" se e quanto perderà. Questa mentalità non rappresenta il mio approccio preferito: sono io a determinare le regole del gioco come trader e gioco solo con le mie regole.

Qualsiasi operatore esperto sa che più a lungo il trade è in perdita, meno è probabile che otterrà un profitto. Se è così, posso utilizzare le mie conoscenze per **installare una componente di tempo nella mia gestione dello stop.** Quando una posizione dopo un certo tempo predeterminato non è in profitto, il rischio deve essere ridotto oppure la posizione deve essere chiusa.

Suona rigoroso, ma questa misura è in linea con la prima parte della regola d'oro del trading, che afferma che devo fare tutto il possibile per limitare le perdite. Se so che le posizioni che non hanno superato il punto di pareggio dopo un certo tempo non riusciranno probabilmente a farlo in futuro, perché voglio mantenere questa posizione? Mi costa solo nervoso.

Ridurre le posizioni di perdita drasticamente o chiudere lo stesso quando dopo un certo tempo si sente che si sta per perdere denaro rappresentano strategie che appartengono alle buone abitudini di trading.

Quale regola temporale è meglio applicare?

Questo dipende dall'unità di tempo in cui si sta operando. Come swing trader che lavora con un grafico a 4 ore, non ci si dovrebbe trovare a disagio dopo 5 minuti se la posizione non ha ancora superato il livello di pareggio. Se la posizione dopo 24 ore (dopo sei candele nel grafico) è ancora in perdita e non va da nessuna parte, allora si dovrebbe seriamente pensare a come ridurre il rischio.

Se siete trader di giornata e lavorate con un grafico a 5 minuti e la vostra posizione è ancora in perdita dopo 30 minuti (6 Candele), allora dovreste pensare a qualcosa per minimizzare i rischi.

Un buon atteggiamento è quello di **impostare lo stop iniziale più vicino al mercato attuale.** In questo modo, si rischia naturalmente, che lo stop sia raggiunto dal mercato, ma la perdita sarà più piccola. Se il mercato si muove in seguito nella direzione desiderata, avrete fatto la cosa giusta. Se il mercato non lo fa e butta fuori il vostro stop, anche in questo caso avrete fatto la cosa giusta. Subirete una perdita, ma almeno avrete fatto tutto il possibile per ridurla al minimo. Io lo chiamo stop management attivo.

Un trader che sta facendo il proprio gioco pratica la gestione dello stop attiva. Egli non aspetta fino a quando non è vittima di un contro-movimento del mercato. E dice: fino a qui e non oltre.

Il secondo metodo per minimizzare il rischio è quello di **ridurre la posizione stessa**. Ciò è possibile in molti casi. Se fate trading con le azioni, ne venderete la metà o un terzo. Se fate trading sul Forex, potrete chiudere la metà della posizione. Questo metodo non funziona se operate sui futures e la vostra posizione è di solo un lotto (1 contratto). Non è possibile dividere un contratto.

Questo è il motivo per cui alcuni trader pensano (e condividono questa opinione) che gli operatori che fanno trading con un unico contratto non lavorino in maniera ottimale. Essi si limitano nella loro azione.

Se si fa swing trading utilizzando il grafico a 4 ore, e si comprano, per esempio, due futures mini DAX, sarà possibile venderne uno se la propria posizione non sarà in profitto dopo 24 ore.

Quando una posizione dopo un certo periodo non supera il punto di pareggio, significa semplicemente che il presupposto per il futuro sviluppo del mercato è stato sbagliato. Né più, né meno. Anche se avete fatto un'analisi approfondita del mercato, dovreste sapere che la vostra entrata è sempre soggetta a cambiamenti casuali. Di conseguenza, anche il vostro stop è soggetto a cambiamenti casuali.

Per quale motivo il "mercato" appena avete acquistato inizia a salire? Questa è un'opinione arrogante, per non dire megalomane, non è vero? Come se tutto il mondo aspettasse il vostro acquisto in modo da poter iniziare il gioco.

La verità è che nel mercato azionario si fa trading in modo casuale. In qualsiasi momento tutto può succedere (e anche il contrario). Chiaritevi fermamente questo punto e potrete finalmente capire che è semplicemente un desiderio infantile sperare che la vostra analisi sia corretta e il mercato deve essere conforme ad essa.

Inoltre, è per questo che in quanto trader dovreste sviluppare regole chiare in merito alla gestione del rischio. Siete voi a decidere quando comprare e vendere. Se non si effettua questa operazione, l'attività di mercato vi condurrà fuori strada, e non comprenderete più come gira il mondo. Credetemi, vi parlo davvero per esperienza personale.

E LASCIATE CORRERE I PROFITTI

Finora, abbiamo discusso la prima delle regole d'oro del trading: tagliare le perdite. Ora, eccoci alla seconda parte: lasciate che i vostri profitti corrano. Ecco, penso che molti trader in realtà non ascoltino. Ripeto la regola: lasciate che i vostri profitti corrano!

In altre parole, se per quanto riguarda la prima parte della regola occorre fare ogni sforzo per ridurre al minimo le perdite, dobbiamo, per quanto riguarda la seconda parte, fare ogni sforzo per assicurarci di aver lasciato correre i vostri profitti.

Se per quanto riguarda le perdite sono estremamente rigoroso e chiudo più facilmente una posizione in perdita oggi anziché domani, sono molto paziente e generoso sulle mie posizioni vincenti. Avete letto bene: generoso e paziente.

Perché?

Il punto di pareggio è per me come una specie di limite magico. Inoltre, sono sicuro che ogni operatore conosca questo limite. Fino a quando una posizione è nascosta, mi sento a disagio. Non mi piace, perché so che sto perdendo soldi e più a lungo aspetto, più ne perdo. Pertanto, sono molto restrittivo per quanto riguarda le mie posizioni di perdita.

Tuttavia, non appena la posizione passa sopra al punto di pareggio, comincio a rilassarmi. Lo so: l'investimento comincia a pagare. Tuttavia, non sono ancora tranquillo perché la posizione è ancora a rischio. Mentre la direzione del trade sembra essere giusta, so che il mercato può girare in qualsiasi momento, e la mia posizione può trasformarsi nuovamente in una perdita.

Tuttavia, il fatto che una volta che una posizione diventa redditizia si cominci a ridurre il rischio appartiene alle buone abitudini di trading. Inizierò a spingere l'ordine di stop-loss in direzione del punto di pareggio. In altre parole, i guadagni cumulativi permettono di minimizzare il rischio.

A titolo di esempio, possiamo prendere una posizione lunga nel Dow Jones. Supponete di essere uno swing trader che ha acquistato il Dow Jones a 17.000 punti. Il vostro stop iniziale è di 200 punti inferiore a 16.800. Ora supponiamo che il Dow salga a 17.100: non ha senso lasciare lo stop a 16.800. In questo caso, metterò lo stop a 16.900 (a prescindere da qualsiasi considerazioni tecnica sul grafico). Ho posizionato qui il mio stop perché questa è la mia regola. Capite?

Se il Dow ora continua a salire fino a 17.200, allora mi troverò in una posizione comoda per mettere il mio stop sul pareggio, quindi a 17.000. Questo è il migliore dei modi. Per ora, ho una posizione favorevole che non può incappare di nuovo in una perdita. Così, posso sedermi e guardare l'ulteriore sviluppo del trade. In alternativa, nel linguaggio delle regole d'oro del trading: lascio correre i profitti.

Questo è ciò che alcuni chiamano un "pasto gratis". Questo significa che si può solo vincere. La cosa peggiore che vi possa accadere è che il mercato ritorni indietro facendo scattare l'ordine di stop. In questo caso, non si guadagnerebbe nulla, ma non si perderebbe neanche.

Ora, ho detto prima che sono generoso in termini di posizioni vincenti. Rimango pazientemente con il mercato e gli do spazio per svilupparsi. Questo non significa che non ho regole sui trade vincenti; semplicemente, sono rigoroso nei trade in perdita. Molti trader purtroppo, fanno il contrario: essi sono rigorosi nei trade vincenti (prendono i profitti appena arrivano) e sono infinitamente pazienti con le posizioni in perdita.

Pertanto, io sto cercando di fare l'esatto contrario, che è anche ciò che esprime la regola d'oro, e che è meglio per il mio portafoglio.

Per quanto riguarda la gestione dei trade profittevoli, posso distinguere tra trade con un chiaro obiettivo di prezzo e trade che si basano su movimenti più grandi (trade in trend). Questa distinzione è importante, in quanto presuppone una diversa gestione dello stop.

STOP MANAGEMENT NEI MERCATI IN TREND

Se vi aspettate un movimento più grande o la continuazione di un trend più ampio, allora, ovviamente, volete ottenere il massimo dal trade. Il classico stop-riduzione in un mercato in trend si basa sul posizionare lo stop in ogni caso sotto l'ultimo swing basso. Questa misura è fondata sulla teoria di Dow, e spiega che un trend è caratterizzato da massimi e minimi crescenti.

Questo approccio sembra inizialmente logico. Il trader mantiene i profitti maturati grazie ad una sorta di trailing stop manuale. Sfortunatamente, questo metodo non è esente da errori, come dimostra l'esempio dell'E-Mini (S&P500 future) qui di seguito.

E-Mini, grafico a 4 ore, Heikin Ashi

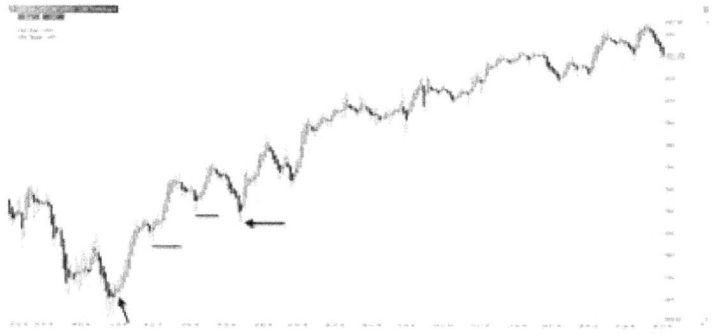

Supponiamo che dopo il doppio minimo nell'S&P500 a partire dall'inizio del 2016 il trader fosse entrato long (freccia). Il suo stop iniziale si troverebbe quindi all'apertura della posizione leggermente al di sotto dei minimi del doppio minimo. Il mercato inizia effettivamente a salire e dopo 13 candele bianche c'è un primo consolidamento, che dura solo brevemente. Il mercato continua a salire dopo poche ore.

Il trader utilizza il minimo di questo consolidamento per assicurare i suoi profitti e ora spinge il suo stop sotto lo swing minimo (prima linea orizzontale inferiore). Il mercato sale di 9 candele e si verifica la fase di consolidamento. L'operatore attende e dopo che il mercato è salito di nuovo, spinge il suo stop ancora all'ultimo minimo di questo consolidamento (seconda linea orizzontale).

Il mercato sale di nuovo, ma dopo sette candele bianche, si entra in un consolidamento che dura più a lungo questa volta e va ancora più basso di quello precedente. Il risultato è che lo stop dell'operatore viene attivato e quindi la posizione è fuori dal mercato (freccia orizzontale). Poco dopo questo fatto, il mercato sale ancora e dopo undici candele bianche raggiunge un nuovo massimo.

Infine, nei giorni e settimane seguenti, il mercato continua a salire, e tutto ciò che fa il trader è capire che ha perso un enorme profitto, anche se il suo giudizio nei confronti della direzione del mercato era corretto ed egli aveva una posizione dall'inizio della mossa. È stato buttato fuori mercato solo da una breve correzione temporanea, che non era nemmeno un ritracciamento.

Molti trader vivono questo tipo di esperienza. La loro analisi è corretta, fanno la cosa giusta attraverso la creazione di una posizione, ma poi falliscono sulla gestione del rischio. Con la classica raccomandazione "spostare lo stop sull'ultimo rispettivo swing inferiore" non andrete molto lontano sui mercati di oggi. Troppi fake portano gli stop fuori dal mercato. Lo smart money sa troppo bene, naturalmente, che i seguaci del trend posizionano i loro stop ai minimi dello swing. Inoltre, si tratta di una tentazione troppo forte per ottenerli in fretta.

Secondo la mia esperienza, la causa di tutto il problema della riduzione dello stop nei mercati in trend sta nel modo sbagliato di pensare a come fare trading in questi mercati. È noto che i trend forti si interrompono saltuariamente a causa di forti correzioni.

Se utilizzerete questo metodo antiquato di stop-riduzione, vedrete più volte che il mercato butterà fuori il vostro stop. Pertanto, rimarreste fermi al peggior punto del trend, sebbene non sia ancora terminato.

Se vi aspettate un movimento più ampio e vi siete posizionati correttamente, dovreste invece dare spazio al mercato per svilupparsi pienamente. Siccome sono rigoroso finché la mia posizione rimane in perdita, (perdo soldi!), sono anche generoso, una volta che la posizione è in profitto, (io faccio soldi!).

Perché, in nome di Dio, volete tagliare il pieno sviluppo delle vostre posizioni vincenti nei buoni trend per mettere stop ravvicinati? Qualcuno può spiegarmi lo scopo di queste decisioni? Se la seconda parte della regola d'oro del trading è "lascia correre i profitti", allora dovreste farlo. In quanto swing trader è possibile ottenere profitti favolosi con un rischio molto gestibile. Questo è precisamente il vantaggio di questo stile di trading.

Conosco molto bene le critiche degli avversari di questa filosofia. Essi diranno: se l'operatore non avesse impostato lo stop appena sotto l'ultimo swing inferiore del movimento verso l'alto, avrebbe potuto rischiare che il movimento verso l'alto venisse annullato dal mercato. Avrebbe quindi messo in discussione gli utili maturati e quindi anche rischiato una perdita.

Non è facile respingere questo argomento. Lo scenario potrebbe infatti verificarsi, e accadrà spesso. Tuttavia, è noto che la maggior parte dei trader hanno paura di dover restituire i guadagni maturati nuovamente al mercato, come di realizzare perdite effettive con una posizione.

Inoltre, è proprio questa paura che li induce a raccogliere i profitti rapidamente una volta ottenuti o a lasciare lo stop molto vicino al prezzo corrente. Come se non fossero sicuri che le loro posizioni vincenti potessero continuare ad evolversi. Questo non è un comportamento razionale.

La mia tesi è: di tanto in tanto il mercato torna indietro e i trader devono restituire i guadagni maturati di nuovo al mercato. Questo fa parte del gioco. Tuttavia, ritornerete lascerete per strada profitti molti alti inserendo stop troppo ravvicinati, come nel caso d'esempio sull'E-mini.

In altre parole: i profitti perduti sono di solito molto più elevati rispetto ai profitti occasionali restituiti in caso di una ricaduta del mercato. Se il trader segue il trend, dovrebbe farlo per bene.

Per dirla con un termine adatto del memorabile investitore ungherese André Kostolany: "Se è maiale, allora deve sgocciolare - e se è il mercato azionario, allora deve valerne la pena."

Lo ripeto ancora una volta. Sono pedante e rigoroso quando si tratta di perdite, ma sono anche generoso come una nonna con i suoi nipoti quando si tratta di profitti.

Così, il punto di pareggio è il confine magico dove mi rilasso (in caso di un guadagno) o sto in tensione (in caso di perdita). Quando sono nuovamente in profitto, la mia pazienza è quasi infinita (quasi!). Tuttavia, fino a quando sono in perdita, sono la persona più impaziente del mondo. La maggior parte dei trader si comportano – e mi dispiace - esattamente all'opposto.

Tuttavia, vi è un secondo confine dopo il punto di pareggio, che è ancora più importante: la soglia di pareggio. Appena posso impostare lo stop al pareggio, mi rilasso completamente, perché non posso perdere di più. Tale soglia dovrebbe essere il vostro obiettivo primario, come swing trader. E poi, il divertimento può iniziare.

Ogni punto prima della soglia di pareggio sembra essere pieno di lavoro e rigorosa gestione del rischio e lo è davvero. Ciò che viene dopo è il motivo per cui amiamo il mercato azionario. Abbiamo una posizione al momento giusto sul mercato giusto e possiamo ora vedere come la posizione ottiene un guadagno con il procedere del tempo. Non è impressionante?

In caso di posizioni vincenti nei mercati in trend, il trader non dovrebbe utilizzare nessun tipo di protezione del guadagno? Naturalmente, si dovrebbe operare una forma di protezione del guadagno e poi realizzare i propri profitti. È anche molto importante che il trader impari a dire "grazie".

Tuttavia, in primo luogo, volevo solo spiegare la paura irrazionale di restituire tutti gli utili maturati. E a volte succede, e non è possibile evitarlo. A mio avviso è molto peggio, se siete state fermati presto come nell'immagine 2 e quindi dovete guardare tutti gli altri che fanno festa tranne voi.

Voglio che proviate a mettervi in una sorta di relazione alla nonno-nipote per così dire, e facciate ricorso a tutta la vostra generosità. Ridate semplicemente alle posizioni vincenti l'aria di cui hanno bisogno per respirare. Assicuratevi di poter mettere lo stop il più rapidamente possibile, e allora nulla vi potrà più accadere e voi potrete approfittarne per osservare meglio e di più.

Cosa voglio dire con questo? Ogni trend ha le sue dinamiche e la sua logica interna. È possibile impostare lo stop leggermente più in alto se la vostra posizione è in guadagno. Non c'è niente di sbagliato, ma non impostate lo stop all'ultimo swing inferiore. Potreste scegliere il penultimo swing inferiore. Se questo finisce fuori dal mercato, allora c'è qualcosa che non va con il trend e bisognerà fare attenzione, o forse chiudere la posizione. Lo potrete riacquistare di nuovo in qualsiasi momento, se sarete convinti che il trend non sia terminato. Inoltre, qui, nulla è vietato.

Un'alternativa sarebbe quella di utilizzare un tipo di trailing stop. Potrebbe essere un trailing stop ordinario come ad esempio con il Dow Jones. In quel caso, avevo usato un trailing stop, che segue il prezzo ad una distanza di 200 punti. Vi consiglio comunque di scegliere il trailing stop generosamente.

Figure 3: E-mini, grafico 4 ore, Heikin Ashi

La figura 3, tratta dallo S & P500, è un esempio del 2014. Vediamo un forte trend rialzista. Le candele Heikin Ashi sono ad ogni movimento verso l'alto invariabilmente bianche e in periodi di consolidamento (di solito dopo la chiusura del mercato) sono brevi e quasi insignificanti. Le prime quattro onde di acquisto sono assolutamente convincenti. In questo caso, ci si può sedere tranquillamente e godersi il viaggio.

La quinta onda di acquisto tuttavia (freccia) non è più così convincente. Dopo quattro candele bianche, arrivano diverse candele nere e, nell'onda, questo accade di nuovo. Il trend è chiaramente a corto di fiato. Questa è la fase in cui mi sento di raccomandare un trailing stop. È la fase finale del trend e dovrebbe essere chiaro a tutti i trader che in ogni momento potrebbe verificarsi una correzione adeguata.

In questo esempio, i trader che avevano una posizione long erano anche fortunati, perché, dopo che il mercato aveva raggiunto il suo top, aveva continuato ad andare in laterale su un livello molto alto. Con l'aumento della durata, io imposterei il trailing stop in modo sempre più stretto. Inizialmente ancora 30 punti, ma poi ben presto sarei andato a 20 e anche a 10. Alla fine il vostro ordine verrà eseguito e sarete fuori dal mercato.

Spero che capiate l'intenzione. Nella fase finale di un trend è sempre bene soffermarsi su come guidare il raccolto al sicuro nella stalla. Ve lo meritate. Sarete ricompensati per la vostra pazienza.

È possibile ottenere questo raccolto ovviamente solamente quando durante la fase di accumulo (all'inizio del trend) e nella fase di momentum (qui il trend è più forte, le candele sono più grandi) avete impostato il vostro stop ad una distanza generosa dal mercato attuale . Non ha senso cercare di seguire un forte trend a stretto contatto con uno stop. Lasciatelo correre!

Inoltre, non cercate di indovinare il punto massimo del trend; non riuscirete di sicuro. È meglio avere chiare regole di stop così da ottenere il massimo da ogni trade. Questo certamente non risulta sempre essere un successo, ma di tanto in tanto, si potrebbe avere un fuori campo. Inoltre, questo fa bene al vostro conto di trading.

STOP MANAGEMENT CON OBIETTIVI DI PREZZO

Quando lavoro con un chiaro obiettivo di prezzo, per esempio il trading nei mercati in range, allora ha senso operare con un trailing stop. Osservate questo esempio di EUR/USD.

Figura 4: EUR/USD grafico a 1 ora

Un range diventa quindi visibile quando le due linee che lo delimitano hanno almeno due test significativi. Solo allora il trader può individuare il range e fare trading su di esso. In questo caso, si potevano effettuare cinque trade. Tre trade short (frecce superiori) e due trade long (frecce inferiori).

La natura di un mercato laterale prevede che gli operatori del mercato siano più o meno concordi sul prezzo corrente. Naturalmente, esistono comunque fluttuazioni, che possono essere sfruttate da abili trader di range. In questo caso, ho potuto vedere un range in EUR/USD che era in linea di massima di circa 180 pips. Come si può notare, ci sono stati anche diversi fake e anche un vero e proprio falso breakout al ribasso. Tuttavia, il mercato è rientrato nel range.

A differenza dei mercati in trend, i mercati in range sono mercati incerti. Lo si può osservare con un semplice sguardo al grafico. Il prezzo sembra girare senza una direzione chiara, come una pallina da ping pong avanti e indietro. Qui non ha molto senso lavorare con trailing stop, secondo la mia opinione.

Il target di prezzo nel trading in range è il rispettivo limite di range opposto. Se si acquista sul supporto (linea inferiore), allora l'obiettivo sarà automaticamente il limite superiore, quindi la resistenza (linea orizzontale superiore). È possibile effettuare un massimo di guadagno di 180 punti in questo esempio.

Come trader sui range presumerete che il supporto terrà se andate long. Pertanto, lo stop non dovrebbe essere troppo generoso. Vi consiglio qui la metà del range, ad esempio 90 pips. Come potete vedere, questa misura avrebbe funzionato bene nelle primi 2 trade short. Non avrebbe invece funzionato nel primo trade long. Qui lo stop sarebbe stato vittima della volatilità del mercato.

Il secondo trade long (freccia in basso a destra) ha raggiunto molto bene l'obiettivo di prezzo. Tuttavia, guardate tutte le buffonate che ha combinato EUR/USD prima di raggiungere il target. È abbastanza tipico per un mercato in range. Per questa ragione non dovreste usare un trailing stop qui.

In primo luogo, l'euro ha fatto una sparata fino a metà del range alto (vale a dire, la posizione long era già di 90 pips in profitto) per poi rimangiarsi tutta la strada fino al punto di entrata e cadere in seguito ancora più in basso. Questo è particolarmente fastidioso, ma succede. Se aveste posizionato qui il vostro stop prematuramente al pareggio, sareste usciti dal mercato.

Raccomando caldamente di accorciare lo stop iniziale a 45 pips, se siete già in profitto di 90 pips. Le misure che si applicano ai mercati in trend non valgono in quelli in range. Il trading sui mercati in range è più che altro un gioco di probabilità. Alcuni trade raggiungono il target, gli altri vengono sbattuti fuori.

In questo esempio abbiamo il risultato seguente:

Tre trade vinti: 3 x 180 = 540 pips

<u>Due trade in perdita: 2 x 90 = 180 pips</u>

Totale = 360 pips

LO TSUNAMI DEL FRANCO, UN MOMENTO DI GUARIGIONE NELLA COMUNITA' DEI TRADER

Chiunque voglia entrare in Svizzera attraversando il confine a sud della città tedesca di Costanza il sabato pomeriggio e la sera, spesso sperimenterà una grande sorpresa. Una coda lunga chilometri si forma davanti al confine con la Svizzera. Chi guarda le targhe, osserva che non sono i tedeschi che vogliono entrare in Svizzera, ma gli svizzeri! Si è verificata un'invasione?

Il venerdì pomeriggio e il sabato, sembra davvero che sia accaduto questo, ma gli invasori svizzeri portano ai rivenditori tedeschi una seconda attività di Natale, perché dal momento della spettacolare ascesa del franco svizzero il 15 gennaio 2015, il turismo dello shopping è aumentato in maniera massiccia.

Non basta che gli svizzeri con la forza del loro franco svuotino gli scaffali dei supermercati delle città di confine tedesche. Essi aspettano anche la stampa dei moduli per il rimborso dell'IVA; alla dogana poi ottengono il rimborso dell'IVA. Pertanto, vincono due volte.

L'evento che è conosciuto nella storia del mercato azionario come lo Tsunami del Franco, ha avuto luogo il 15 gennaio 2015. Solo pochi giorni prima del 15 gennaio, la Banca nazionale svizzera aveva annunciato che avrebbe fatto tutto il possibile per difendere il peg 1,20 per la coppia di valute EUR/CHF, peg imposto da loro stessi.

Pochi giorni dopo lo fecero davvero, cosa che nessuno si aspettava. Abbandonarono il peg. L'euro cadde nel giro di mezz'ora di circa il 15%. Con un colpo, la popolazione svizzera possedeva il 15% in più di potere d'acquisto.

Ciò che è buono per i turisti dello shopping in Svizzera e per i rivenditori della Germania meridionale, ai miei occhi è un bene per la comunità dei trader. Lo shock del Franco era in realtà la cosa migliore che potesse capitare agli operatori. Sebbene in alcuni casi sia finita male, talora anche con ripercussioni legali. Inoltre, anche se alcuni broker non sono sopravvissuti all'evento, io sono comunque contento che sia successo.

Si può considerare lo shock del Franco come un capitolo nella "guerra delle valute" e certamente lo è. Noi sappiamo ora, almeno a partire dal 15 gennaio, che non possiamo credere a qualsiasi giocatore importante nei mercati finanziari e certamente non nei banchieri centrali.

Molti trader hanno tenuto una posizione long su EUR/CHF a gennaio 2015 perché nei giorni precedenti il 15 gennaio, il prezzo era poco più di 1.20. Dal momento che la Banca nazionale svizzera "garantiva" il limite inferiore, una posizione long sembrava essere logica e considerata come un pasto gratis.

Come allora, l'impensabile è accaduto e alcuni avevano forse posizionato un ordine di stop loss a 1,19 o a 1,18. Giusto in caso. Questo non li ha aiutati in alcun modo, perché lo slippage (peggior tasso di esecuzione) fu così grande che la coppia EUR/CHF scese nel più breve tempo da 1,20 a 0,85. Il prezzo effettivo di esecuzione degli stop si è poi rivelato essere in alcuni casi 0.85, portando alcuni operatori a perdite enormi. Alcuni trader che avevano fatto affidamento sulla BNS (Banca nazionale svizzera) persero somme a sei cifre.

In altre parole: in questo caso estremo, che è anche chiamato un "**Black Swan**" (Cigno Nero), l'ordine di stop-loss è inutile. Anche se capita raramente. È possibile che ogni trader durante tutta la sua carriera di trading possa diventare la vittima di evento del genere almeno una volta.

Un incidente simile, anche se meno drammatico si è verificato in data 11 settembre 2001. Dopo gli attacchi al World Trade Center, i mercati azionari degli Stati Uniti rimasero chiusi per giorni. Nessun professionista poté liquidare le sue posizioni. Naturalmente, alla riapertura dei mercati, i prezzi erano notevolmente inferiori.

Per guarire dallo Tsunami Franco ai miei occhi era necessario considerare seriamente la questione della dimensione di posizione. Se i trader privati hanno l'opportunità di vedere come funziona una gestione professionale del risparmio, spesso si chiedono "quanto siano piccole" le posizioni negoziate. Piccole in confronto al capitale esistente, naturalmente.

Con l'eccezione di alcuni hedge funds (del tipo George Soros), si tratta di una regola con gli investitori istituzionali per la quale nessuna singola posizione può mettere il fondo in difficoltà. Supponiamo che un fondo abbia una posizione azionaria XYZ, e che questa società vada in fallimento durante la notte. La quota scende a zero, che è una perdita totale. Vi capiterà spesso di notare che questa perdita potrebbe rappresentare una perdita di 1 o 2% del saldo totale del fondo. Direi che questo è un singolo caso spiacevole, ma non guida il fondo in fallimento.

Gli operatori privati d'altra parte spesso occupano posizioni che superano di gran lunga il valore del loro capitale di trading. Chi ha € 10.000 a disposizione per il trading e acquista un mini lotto su EUR/USD (valore di € 10.000) ha già investito tutto il suo capitale. Naturalmente, l'operatore può acquistare posizioni molto più grandi a causa del forte vantaggio nei mercati forex. Tuttavia, la questione è se egli dovrebbe farlo o no.

Lo Tsunami del Franco ci ha dimostrato quanto sia pericoloso mantenere le posizioni che rappresentano un multiplo del patrimonio netto. Se le cose vanno male, come nel caso dello shock del franco svizzero, non c'è nessun rappresentante del governo federale che assicuri ai trader del forex il pieno sostegno dei contribuenti, mi spiace.

Pertanto, come operatore privato, dovreste porvi seriamente la questione se fare trading con la leva sebbene alcuni broker possano offrire una leva di 1: 100 (alcuni broker 1: 400). È una forte tentazione il pensare di fare trading con un piccolo capitale di poche migliaia di dollari trasfromandolo nel più breve tempo in diversi milioni. Esiste una forte probabilità di essere sul punto di distruggere il proprio piccolo capitale nel giro di pochi mesi, se si utilizza la leva.

La mia raccomandazione per il trading con posizioni di dimensioni ridotte si basa sulla constatazione che la maggior parte degli operatori sopravvaluta ciò che può ottenere in un breve periodo di tempo (una settimana o un mese).

E inoltre, gli operatori sottovalutano ciò che possono raggiungere entro un periodo più lungo se si utilizza una buona strategia in modo disciplinato per un periodo di 5 fino a 10 anni.

Sembra divertente concludere la giornata di trading e disporre di € 1.000 in più nel proprio conto (se avete solo un capitale di trading di € 10.000, per esempio). Tuttavia, si può farlo tutti i giorni?

A mio avviso, ha molto più senso trattare la vostra attività di trading come un vero e proprio business. Ovvero, partendo in piccolo e facendo trading solo gradualmente con le posizioni più grandi a patto di essere in grado di moltiplicare il capitale esistente.

Non cercate quindi di guadagnarvi da vivere con il trading. Questo obiettivo vi metterebbe troppa pressione. Il pericolo è quindi che facciate trading con leva sproporzionata e vi assumiate rischi elevati. Come regola generale, non è una buona idea per la maggior parte dei trader principianti.

È molto più intelligente iniziare in piccolo (per esempio fare trading nel Forex con microlotti, e non con minilotti!) e non utilizzare alcun leva, ma solo l'esperienza per aumentare gradualmente le posizioni. Questo vi metterà all'inizio sotto meno pressione e potrete passare tranquillamente ad una buona attività di trading.

La vera leva finanziaria è quindi nel tempo. La maggior parte dei trader sottovalutano quello che possono ottenere in un periodo di 5 o 10 anni. In 5 anni, si può essere in grado di fare cose per le quali non siete ancora in posizione oggi. Datevi il tempo di crescere.

Il trading rilassato con le posizioni più piccole ha anche un altro effetto positivo. Ci si può permettere di lavorare con ordini di stop più generosi. Proprio come uno swing trader, non dovreste mettere gli stop troppo stretti. Date al mercato un po' di tempo per svilupparsi. Se ciò non accade dopo un certo periodo, allora dovreste seriamente pensare a ridurre al minimo il rischio come discusso in precedenza.

QUANTE POSIZIONI TENERE NELLO STESSO MOMENTO?

Certamente, come swing trader avete il lusso di non dover costantemente monitorare costantemente le vostre operazioni come ad esempio i trader di giornata o gli scalper dovrebbero fare. Siete in una posizione comoda che mette i vostri ordini nel mercato e quindi siete in grado di staccare. Dal momento che la vostra posizione è composta sia da uno stop-loss che da un ordine take profit, in ultima analisi, il mercato decide che sarà eseguito prima uno dei due ordini.

Questo vi mette in grado di tenere diverse posizioni contemporaneamente. Tuttavia, vorrei mettervi in guardia dal farlo. Io stesso di solito non tengo contemporaneamente più di due posizioni.

Perché?

I mercati di oggi sono fortemente correlati. Se succede qualcosa con il dollaro, tipicamente questo potrebbe avere un impatto sul mercato azionario e per le materie prime. Se si verifica un forte movimento nel mercato del petrolio, anche, questo non è senza conseguenze per il mercato azionario e per tutta una serie di valute delle materie prime, tra cui il dollaro.

In altre parole, se si tiene, per esempio, una posizione in EUR / USD, nel petrolio e nel Dow Jones, potrebbe accadere da un evento in uno di quei mercati che tutti gli altri ne siano interessati. Se vi trovate dalla parte sbagliata, potrebbe accadere di subire una perdita in tutte e tre le posizioni.

Ancora più importante, vi è anche una componente psicologica. Quando i trader detengono troppe posizioni allo stesso tempo, sviluppano una certa indifferenza per alcune di esse. L'utente non può gestire tutte quelle posizioni con la stessa cura che avrebbe nello gestire una posizione unica. Quindi cercate di semplificare il più possibile e operare in quei mercati in cui riconoscete una possibilità reale. Meno è spesso di più.

GLOSSARIO

Black Swan: Evento molto raro dal grande impatto.

Breakeven: Il punto in cui costi e ricavi si eguagliano

Correlazione: La correlazione è una misura statistica di come due titoli si muovono in relazione reciproca.

Trading di giornata: Descrive una forma di trading speculativo di breve termine. Un trader aprirà una posizione e all'interno della stessa giornata di trading la chiuderà.

Drawdown: Il drawdown è la massima perdita cumulata entro un certo periodo ed è solitamente espressa in percentuale.

Teoria Dow: La teoria Dow è la base di tutta l'analisi tecnica dei mercati finanziari.

E-Mini Futures: Contratti futures sul S&P500 americano.

Strategia d'Uscita: Strategia che determina l'uscita dal mercato.

Forex: Il mercato in cui vengono scambiate le valute.

Ordine stop loss garantito: Con questo ordine, il broker garantisce la chiusura della posizione esattamente al prezzo desiderato.

HeikinAshi: "In equilibrio su di un piede solo" rappresentazione giapponese delle variazioni dei prezzi.

Hit Rate – Percentuale di Successo: Il tasso di successo è il rapporto fra trade vincenti e trade in perdita.

Stop Iniziale: Lo stop loss iniziale limita il rischio di una posizione al momento dell'esecuzione.

Posizione long: aver acquistato titoli e quindi possederli.

Lotto: Un lotto è l'unità di trading del Forex e dei mercati Futures.

Microlotto: Un microlotto corrisponde ad un contratto di € 1.000 in una coppia di valute.

Minilotto: Un mini lotto corrisponde ad un contratto superiore a € 10.000 in una coppia di valute.

Pip: La più piccola variazione di prezzo che un dato tasso di cambio può effettuare.

Range: Un trading range chiaro definito in un determinato periodo.

Resistenza: Livello di prezzo sul quale le vendite si fanno più consistenti.

Ritracciamento: Una temporanea inversione che va contro al trend prevalente.

Scalping: Tecnica di trading nella quale il trader gioca sui minimi movimenti del mercato.

Posizione Short: Un trader è short quando vende una posizione senza possederla (vendita short).

Slippage: La differenza tra la stima e il prezzo effettivo di un asset in fase di eseguito.

Ordine Stop Loss: Ordine di vendita che viene effettuato al raggiungimento di un certo prezzo.

Trailing Stop: Un ordine automatico di stop loss che segue il prezzo a valori predefiniti.

Supporto: Livello di prezzo sul quale gli acquisti si fanno più consistenti.

Trend Following: Strategia di trading che si concentra sul seguire un trend una volta identificato.

Volatilità: Deviazione standard. Specifica come varia il prezzo di un mercato.

Altri libri di Heikin Ashi Trader su Amazon

(Disponibile come e-book e in cartaceo)

Come Avviare un'Attività Redditizia di Trading con €500

Sommario

1. Come Diventare un Trader con soli €500 a Disposizione?

2. Come Acquisire Buone Abitudini di Trading?

3. Come Diventare un Trader Disciplinato

4. La Fiaba dell'Interesse Composto

5. Come fare Trading su un Conto da €500?

6. Social Trading

7. Parlate con il Vostro Broker

8. Come Diventare un Trader professionista?

9. Trading per un Hedge Fund

10. Imparate a fare Rete

11. Diventare un Trader Professionista in Sette Passi

12. €500 sono un Sacco di Soldi

Glossario

Altri libri di Heikin Ashi Trader

Sull'autore

Sull'autore

Heikin Ashi Trader è lo pseudonimo di un trader che possiede più di 15 anni di esperienza nel trading giornaliero sui futures e sui mercati esteri. Si è specializzato in scalping e day trading veloce. In aggiunta a questo, ha pubblicato vari libri auto-esplicativi sulle sue attività di trading. Gli argomenti più popolari sono: scalping, swing trading, gestione del denaro e del rischio.

Stampa

Testi: © Copyright by Heikin Ashi Trader

Swiss Post Box 106287

Zürcher Strasse 161

CH-8010 Zurigo

Svizzera

Tutti i diritti riservati.

www.ingramcontent.com/pod-product-compliance
Lightning Source LLC
Chambersburg PA
CBHW070109210526
45170CB00013B/803